GALERIE

DE FEU

M. HERMAN DE-KAT

VAN OOST-EN-WEST-BARENDRECHT EN CARNISSE

De Dordrecht.

TABLEAUX

ANCIENS & MODERNES

Mᵉ CHARLES PILLET, Commissaire-Priseur

MM. A. J. LAMME et D. A. LAMME, Experts.

M. FRANCIS PETIT, Expert.

RENOU & MAULDE

IMPRIMEURS DE LA COMPAGNIE DES COMMISSAIRES-PRISEURS

Rue de Rivoli, 144.

CATALOGUE

DE LA GALERIE

DE

TABLEAUX

ANCIENS ET MODERNES

DE FEU

M. HERMAN DE KAT

De Dordrecht

DONT LA VENTE AUX ENCHÈRES PUBLIQUES AURA LIEU

HOTEL DROUOT

Par le ministère de Me **CHARLES PILLET,** Commissaire-Priseur,
rue de Choiseul, 11,

Assisté, pour les Tableaux anciens, de M. **A. J. LAMME,**
de Rotterdam,

Et de M. **D. A. LAMME,** Expert, rue Chaptal, 16;

Et, pour les Tableaux modernes, de M. **Francis PETIT,** Expert,
rue de Provence, 43.

Voir l'Ordre des Vacations à la page suivante

PARIS — 1866

TABLEAUX ANCIENS

SALLE Nº 7

EXPOSITION PARTICULIÈRE

Le Lundi 30 Avril 1866, de 1 heure à 5 heures.

EXPOSITION PUBLIQUE

Le Mardi 1er Mai 1866, de 1 heure à 5 heures.

VENTE

Les Mercredi 2 & Jeudi 3 Mai 1866,

A DEUX HEURES ET DEMIE PRÉCISES

TABLEAUX MODERNES

SALLE Nº 5

EXPOSITION PARTICULIÈRE

Le Samedi 5 Mai 1866, de 1 heure à 5 heures.

EXPOSITION PUBLIQUE

Le Dimanche 6 Mai 1866, de 1 heure à 5 heures.

VENTE

Les Lundi 7 & Mardi 8 Mai 1866,

A DEUX HEURES ET DEMIE PRÉCISES

CE CATALOGUE SE DISTRIBUE :

A Paris	Chez MM.	CHARLES PILLET, Commissaire-Priseur, rue de Choiseul, 11.
Id.	—	F. PETIT, rue de Provence, 43.
Id.	—	D.-A. LAMME, rue Chaptal, 16.
Id.	—	GOUPIL et Cie, boulev. Montmartre, 1.
Lille	—	LELEU, libraire.
Marseille	—	VALLI, rue Paradis, 24.
Lyon	—	HOETH, rue Romarin, 9.
Rouen	—	BILLAUT.
Montpellier	—	Baron RAMADIÉ-DOUBERNARD.
Bruxelles	—	Étienne LEROY, place du Grand-Sablon, 12.
Anvers	—	TESSARO.
Liége	—	Van MARCKE, rue de l'Université.
Bruges	—	BOGAERT.
Gand	—	DUQUESNE.
Londres	—	FARRER, New-Bond-Street, 106.
Id.	—	COLNAGHI, Pall-Mall-East, 14.
Manchester	—	AGNEW et SON.
Amsterdam	—	C.-F. ROOS ROHEN, 165.
La Haye	—	GOUPIL et Cie, Plaats, 14.
Rotterdam	—	D.-A. LAMME, Wynstraat, 94.
Cologne	—	HÉBERLÉ.
Berlin	—	LEPKE, sous les Tilleuls.
Leipzig	—	BROCKHAUS et Cie.
Francfort-sur-Mein.	—	G.-J. KOHLBACKER.
Dresde	—	ARNOLD.
Munich	—	OBERDORFER, place de la Promenade.
Vienne	—	A. POSONI.
Saint-Pétersbourg	—	Von REGMORTER.
Id.	—	NEGRI et fils.
Rome	—	DURANTINI.
Florence	—	RICCIERI.
Genève	—	KUHN, quai des Bergues, 15.
Berne	—	J. WOOG, Grande-Rue.

CONDITIONS DE LA VENTE

Elle sera faite au comptant.

Les Acquéreurs paieront CINQ POUR CENT en sus des Adjudications.

GALERIE

DE FEU

M. HERMAN DE KAT

VAN OOST-EN-WEST-BARENDRECHT EN CARNISSE

DE DORDRECHT

La Galerie de M. DE KAT est une des plus remarquables de la Hollande; elle se compose de tableaux anciens des plus grands maîtres de l'école hollandaise dans le plus bel état de conservation, et de tableaux modernes des diverses écoles, dont quelques-uns sont des chefs-d'œuvre des artistes contemporains.

M. DE KAT possédait une grande fortune, dont il usait noblement; toute calamité publique, toute infortune privée était secourue par lui, sans aucune ostentation. Une grande part en avait été consacrée aux arts qu'il aimait par-dessus tout; il fut un des principaux fondateurs du musée de Dordrecht.

Sa Majesté le roi des Pays-Bas, voulant reconnaître les services rendus au pays par M. DE KAT, l'avait nommé officier de l'ordre de la Couronne du chêne, et l'Académie des beaux-arts avait été fière de l'admettre parmi ses membres.

Sa collection n'était pas seulement une réunion d'admirables chefs-d'œuvre, mais elle avait été formée aussi dans un but d'utilité artistique, en ce sens qu'avec ce sentiment si délicat qui distinguait M. DE KAT, il pensait qu'il ne suffisait pas de posséder les tableaux de maîtres connus, mais qu'il fallait aussi acquérir les œuvres des jeunes artistes, les encourager et leur donner ainsi les moyens de se faire apprécier. Ce sentiment ne l'avait pas trompé; presque tous ces jeunes artistes étant devenus célèbres, M. DE KAT était arrivé à posséder une collection exceptionnelle.

Cette Galerie était pourtant peu connue en dehors de la Hollande; elle était pour ainsi dire la vie entière d'un vieillard de quatre-vingts ans, malade depuis de longues années et n'ayant d'autre distraction que la vue de ses tableaux; c'était non une jouissance de vanité, mais le vrai sentiment poussé peut-être jusqu'à l'égoïsme, d'une possession aimée et appréciée; aussi ne voulant pas exposer son trésor à l'indifférence du public ou à la curiosité banale des touristes, M. DE KAT ne laissait jamais visiter sa Galerie que quand il pouvait la montrer lui-même et qu'il était bien convaincu qu'on fût digne de l'apprécier; il était certainement regrettable que l'accès de tels chefs-d'œuvre fût aussi difficile; mais pour qui était admis, c'était un spectacle vraiment touchant de voir ce vieillard semblant à peine avoir le souffle, reprendre vie à la vue de ses tableaux, épier sur votre figure l'impression que vous éprouviez, vous montrer en dernier ceux qu'il aimait de prédilection et quelquefois même refuser l'entrée de ce dernier sanctuaire si, à son avis, l'admiration et le recueillement n'avaient pas été suffisants devant les premiers.

Nous renoncerons à énumérer les qualités de chacun des tableaux de cette Collection, nous bornant à citer les noms des plus capitaux; le catalogue en indiquera suffisamment l'importance. Citons donc parmi les anciens, N. Berghem, A. Cuyp, Everdingen, Van-der-Helst, Hobbéma, N. Maës, Mignon, A. Van-der-Neer, G. Netscher, A. Van-Ostade Pynacker, Rembrandt, Ruysdaël, J. Steen, W. Van-de-Velde, J. Weenix, Ph. Wouverman, etc.

Parmi les modernes, Ary Scheffer, représenté dans cette Collection d'une manière exceptionnelle par neuf tableaux dont plusieurs d'une grande importance, puis Horace Vernet, Decamps, Marilhat, Meissonier, Calame : Saint-Jean, Ommeganck, Van Stry; Achenbach, Jordan, Leys, L. Roux, Koekkoek, Schotel, Schelfhout et Verboeckhoven.

A. J. Lamme.

TABLEAUX ANCIENS

Salle n° 7

EXPOSITION PARTICULIÈRE

Le Lundi 30 Avril 1866, de une heure à cinq heures.

EXPOSITION PUBLIQUE

Le Mardi 1er Mai 1866, mêmes heures.

VENTE

Les Mercredi 2 et Jeudi 3 Mai 1866, à 2 heures 1/2 précises.

TABLEAUX ANCIENS

AALST (Willem van)

Né à Delft en 1620, mort à Amsterdam en 1679. Elève de E. Van Aalst.

1 — Nature morte.

Un geai est suspendu au-dessus d'une plinthe en marbre sur laquelle sont déposés un bouvreuil, une gibecière en velours vert et des ustensiles de chasse.

Toile.—H. 43 c. L. 37 c.

AALST (Willem van)

2 — Fruits.

Des pêches, une grappe de raisin, des noix et un verre de vin sur une draperie en velours brun qui couvre à moitié une table de marbre.

Toile.—H. 43 c. L. 37 c.

BAKHUIZEN (Ludolf)

Né à Emden en 1631, mort à Amsterdam en 1709. Elève de A. Van Everdingen.

3 — Le Départ.

Un vaisseau de guerre hollandais salue le port de sa bordée d'adieu, et se dirige vers la pleine mer à l'horizon. Au premier plan, à gauche, sur le rivage, trois marins et une jeune fille.

Signé L. Bakh, 1701.

Toile.—H. 43 c. L. 62 c.

BAKHUIZEN (Ludolf)

4 — Marine.

Un trois-mâts de guerre anglais et une chaloupe se dirigent vers un promontoire couronné d'une vieille tour.

Toile.—H. 43 c. L. 62 c.

BEERSTRATEN (Jan)

et

LINGELBACH (Johannes)

J. Lingelbach, né à Francfort en 1623, mort à Amsterdam en 1687. S'est formé de lui-même.

5 — Une plage.

Au premier plan, des seigneurs et des dames descendus de deux carrosses se dirigent vers la plage, sur laquelle se trouvent des pêcheurs près de leurs bateaux. Au second plan, à gauche, un village sur les dunes.

Signé sur un morceau de bois : Lingelbag.

Toile.—H. 65 c. L. 67 c.

BEERSTRATEN. (Jan)

6 — Combat naval.

Un vaisseau anglais ayant perdu un de ses mâts, est en feu. A gauche la lutte est engagée entre deux vaisseaux, l'un hollandais, l'autre anglais. Plus loin, deux bâtiments hollandais s'avancent pour prendre part au combat.

Signé sur une planche : J. Beerstraten.

Toile.—H. 121 c. L. 176 c.

BERCHEM (Nicolas)

Né à Haarlem en 1624, mort à Amsterdam en 1683. Élève de J. Van Goyen, de J. Wils et de J.-B. Weenix.

7 — Halte de voyageurs.

Un gentilhomme et une dame à cheval sont arrêtés devant une auberge pour faire manger leurs montures. Une jeune fille vient de verser un verre de vin au cavalier. Sur le seuil de l'auberge, une femme regarde le groupe. Devant les chevaux, un coq et une poule qui picorent. Derrière, deux lévriers bruns. Plus loin, trois buveurs assis sous une treille, au pied d'un vieil édifice couvert de broussailles et de plantes.

Signé au premier plan Berchem F.

Toile.—H. 48 c. L. 39 c.

Collections de Mme la duchesse de Berry et de lord Wellesley.
Décrit au catalogue raisonné de Smith, vol. 5, page 26, n° 66.

BERCHEM (Nicolas)

8 — Le Berger.

Au bord d'une mare, qui occupe le premier plan, se trouvent des vaches et des bœufs, les uns couchés, les autres debout. Le berger, armé de sa houlette, regarde le spectateur et s'appuie sur un bœuf. A droite, au troisième plan, un rocher couvert de verdure. A l'horizon, des montagnes.

Signé dans l'eau Berchem.

Bois.—H. 45 c. L. 39 c.

Collections Lollier, Van der Muelen.
Décrit au catalogue raisonné de Smith, vol. 5, page 37, n° 99.

BERGEN (Dirk van)

Né à Haarlem en 1645, mort en 1689. Élève de A. Van de Velde.

9 — Paysage.

Un berger est assis sur un tronc d'arbre ; son chien près de lui. Ses pieds baignent dans un ruisseau au bas d'une colline, sur laquelle se trouve le troupeau. Plus loin, d'autres collines couvertes d'arbres et de verdure.

Signé au premier plan D. V. Bergen.

Toile.—H. 38 c. L. 47 c.

BOL (Ferdinand)

Né à Dordrecht en 1611, mort en 1681. Élève de Rembrandt.

10 — Portrait d'homme.

Il est vêtu d'un costume de fantaisie et tient de la main droite une toque ornée d'une plume blanche.

Signé à droite F. Bol.

Toile.—H. 130 c. L. 103 c.

BOL (Ferdinand)

11 — Portrait de femme.

Elle est vue de profil et porte un riche costume du temps. Du bras droit elle s'appuie sur le piédestal d'une colonne. Sa main, étendue tient un éventail.

Signé à droite F. Bol.

Toile.—H. 130 c. L. 103 c.

BOONEN (Arnold)

Né à Dordrecht en 1669, mort dans la même ville en 1729. Élève de G. Schalken.

12 — Le Fumeur.

Un jeune homme est assis près d'une table, couverte d'un tapis de Smyrne et sur laquelle sont posés des cartes, une chandelle allumée et un flacon de vin. Il vient d'allumer sa pipe à un réchaud qu'il tient à la main.

Toile.—H. 40 c. L. 31 c.

BOTH (Jan)

Né à Utrecht en 1610, mort dans la même ville en 1652. Élève de A. Bloemaart.

13 — L'Abreuvoir.

Près d'une ferme, dans un paysage italien, se trouve un abreuvoir vers lequel se dirigent trois bœufs. Le pâtre, au premier plan, tourne le dos au spectateur. Plus loin, un gros chêne occupe le milieu du tableau. A droite est un taillis que traversent deux cavaliers et un piéton.

Signé à droite J. Both.

Bois.—H. 40 c. L. 55 c.

BREKELENKAMP (Quiryn)

Vivait au milieu du xviie siècle.

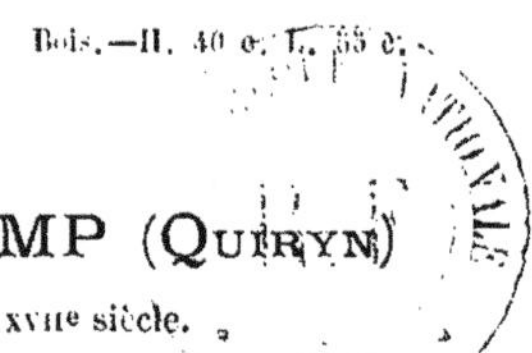

14 — Intérieur Hollandais.

A gauche, près d'une fenêtre ouverte, une femme assise fait de la dentelle. Près d'elle, une servante parle à une petite fille et à un jeune garçon qui joue de la flûte. A droite, près de la cheminée, un homme lisant ; à côté de lui, sur une table, du pain, du fromage et un verre de bière.

Bois.—H. 60 c. L. 85 c.

CAPELLE (Jan van de)

Vivait vers le milieu du xviie siècle.

15 — L'Hiver.

Sur un chemin couvert de neige, un paysan tire péniblement un traîneau chargé de bois mort. Le chemin longe un canal gelé, dans lequel est pris un bateau. Au fond, une ferme, à l'entrée de laquelle se tient une femme avec son enfant.

Signé J. V. C.

Toile.—H. 40 c. L. 44 c.

CUYP (Albert)

Né à Dordrecht en 1605, mort dans la même ville en 1691. Élève de son
père J. G. Cuyp.

16 — La Conversion de Saul.

Frappé par la lumière céleste, il est tombé de son cheval. Autour
de lui ses soldats sont renversés ou fuyent de tous côtés, en proie
à la terreur. Au fond, un château sur une montagne.

Signé à droite sur un bloc de pierre A. Cuyp.

Toile.—H. 79 c. L. 108 c.

Décrit au catalogue raisonné de Smith, vol. 5, p. 296, n° 35.

CUYP (Albert)

17 — Vue de la Meuse.

Au premier plan à gauche sur une estacade, à laquelle sont amar-
rées trois barques de pêcheurs, se tiennent une paysanne et quatre
chasseurs. L'un d'eux est assis au bout d'une poutre. Ils attendent
le batelier qui arrive, avec deux seigneurs dans son bateau. Au
fond, vers la droite, une ville bâtie au bord du fleuve, sillonné par
de nombreux bateaux que le soleil, perçant les nuages, éclaire de
ses rayons. Le devant du tableau est dans l'ombre.

Signé à gauche sous l'estacade A. Cuyp.

Bois.—H. 44 c. L. 74 c.

CUYP (Albert)

18 — Une Halte.

Dans un terrain creux et sablonneux, un jeune garçon tient par la
bride un cheval gris pommelé. On voit plus loin le cavalier. Un magnifique chien est assis devant le cheval.

Collection du baron de Varange.

Bois.—H. 40 c. L. 31 c.

CUYP (Albert)

19 — Un Paysan.

Il est vu de face, et coiffé d'un chapeau à larges bords. Sous son bras gauche il tient une oie. De la main droite il porte un panier contenant des œufs et un papier avec cette inscription : « Mon oye faict tout. »

Bois.—H. 33 c. L. 23 c.

CUYP (Albert)

20 — Une Paysanne.

Elle est coiffée d'un chapeau de paille et tient, dans ses bras, un coq et un panier d'œufs.

Bois.—H. 35 c. L. 23 c.

CUYP (Albert)

21 — Fruits.

Un plat de porcelaine du Japon, posé sur une table, contient des pêches entourées de feuilles, autour desquelles voltigent des papillons et une abeille. A gauche une grappe de raisin blanc.

Signé sur les bords de la table A. C.

Bois.—H. 43 c. L. 60 c.

CUYP (Jacob Gerritse)

Né à Dordrecht en 1575. Élève de Bloemaart.

22 — Portrait d'homme.

Officier supérieur, richement vêtu, et tenant de la main droite un bâton de commandement.

Signé à droite *J. G. Cuyp fecit an. 1644.*

Bois.—Forme ovale.—H. 78 c. L. 67 c.

CUYP (Jacob Gerritse)

23 — Portrait de femme.

Elle est habillée de noir, avec une large collerette bordée de dentelle.

Signé à gauche *J. G. Cuyp fecit an. 1644.*

Bois.—Forme ovale, — H. 78 c. L. 67 c.

DOV (Gérard)

Né à Leyden en 1613, mort dans la même ville en 1680. Élève de Rembrandt.

24 — Portrait de Dirk van Beresteyn.

Il est vu de trois quarts et porte de longs cheveux blonds qui retombent sur son justaucorps et sur son manteau noir à revers de velours. De la main gauche il tient son chapeau. Derrière lui une draperie bleue.

Signé au fond à droite G. Dov.

Cuivre.—H. 10 c. L. 8 c.

DUSART (Cornélis)

Né à Haarlem en 1665, mort dans la même ville en 1704. Élève de A. Van Ostade.

25 — Intérieur rustique.

Un paysan assis sur un escabeau devant une large cheminée est occupé à faire des crêpes. Il en donne une à un petit enfant qui se tient près de lui, les jambes nues et lui tend une assiette. Derrière, autour d'une table, deux enfants, un homme buvant, et une femme tenant un autre enfant dans ses bras. Au fond, une vieille femme arrange le lit.

Signé à gauche Cor. Dusart, 1692.

Toile.—H. 34 c. L. 39 c.

EVERDINGEN (ALDERT VAN)

Né à Alkmaar en 1621, mort dans la même ville en 1675. Élève de Roeland, Savery et de Pierre Molyn.

26 — Le Torrent.

Au milieu d'un torrent impétueux, traversant le paysage, s'élève un amas de rochers que couronne un arbre tourmenté par le vent. A droite, le torrent se brise sur les pilotis d'une habitation, devant laquelle passe un chemin qui traverse un pont et va se perdre à l'horizon dans un pli de terrain. Au fond, au-dessus des arbres, on aperçoit le clocher d'une église de village ; au-delà du torrent, une habitation rustique.

Toile.—H. 70 c. L. 61 c.

FLINCK (GOVERT)

Né à Clèves en 1615, mort à Amsterdam en 1660. Élève de Rembrandt.

27 — Portrait d'homme.

On le voit de face. Il est coiffé d'un chapeau à larges bords, et porte une collerette blanche sur un justaucorps et un manteau noirs. Signé à gauche G. Flinck 1641.

Bois.—Forme ovale.—H. 74 c. L. 57 c.

GOYEN (JAN VAN)

Né à Leyden en 1596, mort à la Haye en 1656. Élève de J. Van de Velde.

28 — Le Bac.

Un grand nombre de personnes, à pied, à cheval, en voiture, passent la rivière sur un bac, pour se rendre à une ville située sur l'autre rive. La rivière, couverte de bateaux de toute espèce, passe plus loin devant deux autres villes dont les tours se dessinent à l'horizon.

Signé sur le bac V. G., 1647.

Bois.—H. 40 c. L. 31 c.

HACKAERT (Jan)

et

LINGELBACH (Johannes)

Jan Hackaert florissait au xviie siècle.

29 — Paysage italien.

Au bord d'un ruisseau, et dans un paysage montagneux, éclairé
par le soleil couchant, un paysan et une paysanne dansent au son de
la cornemuse. Le joueur de cornemuse est assis par terre. Un homme
monté sur un âne les regarde. A droite, sur une hauteur et sous des
arbres de haute futaie, un chasseur avec son chien. Plus loin, un
chemin sur le bord d'un lac, au pied de hautes montagnes.

Toile.—H. 144 c. L. 118 c.

HEEM (Jan David de)

Né à Utrecht en 1600, mort à Anvers en 1674. Élève de son père D. Dz.
de Heem.

30 — Fleurs.

Des roses rouges et blanches, des tulipes, des anémones, du chèvrefeuille et d'autres fleurs et plantes sauvages sont élégamment
groupés dans un vase de cristal posé sur une table de pierre grise.
Des fourmis, des mouches, des papillons et quantité d'autres insectes
voltigent autour des fleurs, ou sont posés sur les feuilles et sur la
table.

Signé à droite J. D. de Heem f.

Bois.—H. 93 c. L. 70 c.

HEIDEN (Jan van der)

ET

VELDE (Adrian van de)

J. Van der Heiden, né à Gorcum en 1637, mort à Amsterdam en 1712.

31 — Le Retour de la chasse.

Sur une éminence soutenue par des terrasses, s'élève un vieux château flanqué de plusieurs tourelles. Sur la gauche est l'entrée du château, vers laquelle se dirigent deux seigneurs à cheval revenant de la chasse et suivis de deux domestiques, d'un fauconnier et d'une meute. Au pied des terrasses, un troupeau de moutons. Un colporteur suit le chemin qui passe devant le château. A l'horizon, près d'une pièce d'eau, une ferme entourée d'arbres.

Signé à gauche J. V. Heiden.

Bois.—H. 50 c. L. 60 c.

HELST (Bartholomeus van der)

Né à Haarlem en 1613, mort à Amsterdam en 1670.

32 — Portrait d'un pasteur.

Il est assis, le corps tourné à droite. Son chapeau à larges bords projette une ombre sur une partie de son front. Son visage, vu de face, est encadré par une fraise blanche. Il porte un vêtement noir et tourne de la main gauche les feuillets d'une bible à fermoirs de cuivre, placée devant lui sur un pupitre. La main droite repose sur le bras d'un grand fauteuil à clous dorés.

Signé en haut à gauche B. van der Helst, 1638.

Toile.—H. 105 c. L. 83 c.

HELST (Bartholomeus van der)

33 — Portrait de femme.

Elle est vue de face, la tête entourée d'un collier de perles. Un manteau de soie bleue à larges plis l'enveloppe. La main droite repose sur la poitrine, la gauche est étendue.

Toile.—H. 77 c. L. 62 c.

HEUSCH (Willem de)

Né à Utrecht en 1638, mort dans la même ville vers la fin du xviie siècle.
Élève de J. Both.

34 — Paysage montagneux.

Au premier plan, à gauche, sur un chemin bordé de grands arbres, s'avance un chariot attelé de deux bœufs. A droite, un tronc d'arbre entouré de broussailles. Plus loin, sur un terrain accidenté, des chasseurs, à pied et à cheval. A l'horizon, de hautes montagnes.
Signé en bas, au milieu du tableau. W. D. Heusch.

Cuivre.—H. 24 c. L. 32 c.

HOBBEMA (Meindert)

Né à Amsterdam en 1638, mort dans la même ville en 1709.

35 — Le Gué.

Ce tableau, par ses dimensions et son caractère sérieux, pourrait être considéré comme le pendant de celui que possédait la galerie de Morny. Il représente une mare, dans une contrée accidentée et sablonneuse, sur la lisière d'une sombre forêt de chênes, qui ombragent une habitation rustique entourée d'un treillis. Un chemin sort de la forêt, et vient aboutir, au milieu de la mare, à un gué que traversent une femme et un jeune garçon. Un pâtre, en veste rouge, vient d'y passer avec ses six moutons. A gauche, un chemin, descendant d'une légère hauteur, se dirige, en serpentant, vers le milieu du premier plan, et longe un taillis où l'on voit un gros tronc d'arbre renversé. Plus loin, à travers les arbres, on découvre une seconde mare, dans laquelle se reflètent les nuages du ciel. Les moutons, les bords de la mare, et un bouquet de saules au milieu de l'eau sont vivement éclairés par les rayons du soleil.
Signé à droite M. Hobbema.

Bois.—H. 76 c. L. 108 c.

HONDEKOETER (Melchior de)

Né à Utrecht en 1636, mort en 1695. Élève de G. de Hondekoeter et de J.
B. Weenix.

36 — Nature morte.

Près d'un piédestal en ruines, sont groupés plusieurs oiseaux morts,
une gibecière en velours vert, un cor de chasse, un fusil et d'autres
ustensiles de chasseur.

Toile.—H. 105 c. L. 81 c.

HONDEKOETER (Melchior de)

37 — Basse-cour d'un château.

Un coq entouré de poules et de poussins.

Toile.—H. 93 c. L. 76 c.

HOOGH (Pieter de)

Florissait vers le milieu du xviie siècle. Élève de Berchem.

38 — Le Duo.

Dans un riche appartement, pavé de marbre, et devant une fenêtre
ouverte, une jeune dame, vêtue de satin jaune, est assise à une table couverte d'un tapis de Smyrne. Elle tient un livre de musique
et chante. Un gentilhomme, vêtu d'un justaucorps gris, l'accom-
pagne sur la mandoline. Au fond, trois marches donnent accès à
une autre chambre, par les fenêtres de laquelle on voit les toits de
quelques maisons. Un clavecin se trouve à côté de la porte, et, sur
le premier plan, un petit chien assis.

Signé à gauche sous la fenêtre, P. Hoog, A. 1670.

Toile.—H. 74 c. L. 62 c.

HUGTENBURG (Johan van)

Né à Haarlem en 1646, mort à Amsterdam en 1733. Élève de A. F. van der Meulen.

39 — Le Départ pour la chasse.

Devant une demeure seigneuriale, plusieurs cavaliers et des serviteurs qui tiennent les chevaux, attendent des dames qui descendent d'un grand escalier. On aperçoit un parc au fond.

Signé à gauche sur une pierre J. H. B.

Toile.—H. 64 c. L. 79 c.

JONSON (Corneluis van Ceulen)

Né à Amsterdam en 1590, mort dans la même ville en 1665.

40 — Portrait de femme.

Elle est vue à mi-corps, de face, et porte une robe noire avec une grande collerette blanche. Elle a les mains jointes.

Toile.—H. 83 c. L. 65 c.

KEYSER (Theodorus de)

Vivait vers le commencement du XVIIᵉ siècle.

41 — Portrait d'un ecclésiastique.

Il est vu de face, assis dans sa bibliothèque. De la main droite il tourne la page d'un livre qui est appuyé contre une tête de mort posée devant lui sur une table. La main gauche repose sur le bras du fauteuil.

Bois.—H. 39 c. L. 30 c.

KONINCK (Salomon)

Né à Amsterdam en 1619, mort dans la même ville en 1689.

42 — Portrait d'homme.

Il est tourné à droite de trois quarts, les cheveux longs, la moustache grise et coiffé d'un chapeau à bords relevés. Il est assis et pose sa main droite sur un livre ouvert devant lui sur une table. La main gauche est appuyée sur la hanche.

Bois.—H. 32 c. L. 23 c.

MAES (Nicolaas)

Né à Dordrecht en 1632, mort à Amsterdam en 1693. Élève de Rembrandt.

43 — Intérieur.

Devant la fenêtre d'une chambre pavée de marbre blanc et noir, est assise une dame âgée, dans le costume de la bourgeoisie aisée du temps. Elle porte un casaquin de velours noir bordé d'hermine, et une robe de soie grise brodée d'or sur une jupe rouge ; le tout à moitié recouvert par un tablier blanc. Occupée à coudre, elle montre de la main droite un gamin qui frappe à la fenêtre. A sa gauche, un livre est ouvert sur une chaise. Au-dessus d'elle sont accrochés, à la muraille, trois tableaux, dont deux, à moitié cachés par la draperie d'une porte qui permet de voir dans un appartement voisin.

Signé à droite N. Maes.

Bois.—H. 74 c. L. 61 c.

Collection de Court Van Valkenswaard.

MAES (Nicolaas)

44 — Portrait de famille.

A droite est assise une jeune dame vêtue de satin blanc ; une petite fille et un jeune garçon qui mène un chien en laisse, lui apportent des fleurs. Derrière eux, un seigneur en costume de chasse tient à la main une perdrix. Au fond, la maison appelée Toornsteé ('a ferme de la Tour), habitation du célèbre peintre A. Cuyp.

Toile.—H. 198 c. L. 160 c.

MAES (Nicolaas)

45 — Portrait du baron van Rheede, comte d'Adlone.

Signé à droite N. Maes, 1676.

Toile.—H. 42 c. L. 31 c.

MAES (Nicolaas)

46 — Portrait d'homme.

Toile.—H. 43 c. L. 33 c.

MAN (Carel de)

Né à Delft en 1621, mort dans la même ville en 1706.

47 — Noce de village.

Au milieu d'un intérieur rustique, le seigneur du village est assis et honore de sa visite les noces d'un campagnard. Les invités s'amusent à jouer à la main chaude. La femme du seigneur est près de lui et lui montre une troupe de musiciens qu'on aperçoit par la porte.

Signé à gauche sur une planche, C. de Man.

Toile.—H. 66 c. L. 80 c.

METZU (Gabriel)

Né à Leyden en 1615.

48 — Apparition de Jésus-Christ à la Madeleine.

Elle est agenouillée devant le Christ qui est revêtu d'une draperie rouge.

Signé au milieu du tableau, sur une balustrade, G. Metsu. 1667.

Bois.—H. 63 c. L. 50 c.

MIERIS (Willem van)

Né à Leyden en 1662, mort en 1757. Élève de son père F. van Mieris.

49 — Le Buveur.

Un homme, coiffé d'une toque à plumes rouges et noires, est assis contre une muraille à côté d'un tonneau sur lequel il s'appuie du bras gauche en tenant un verre dans sa main. Il vient de bourrer une pipe qu'il tient de la main droite ; le reste du tabac est dans un morceau de papier posé sur son genou. Au fond, un paysage montagneux.

Signé sur le tonneau W. van Mieris, f. an. 1688.

Bois.—H. 20 c. L. 16 c.

MIGNON (Abraham)

Né à Francfort en 1639, mort en 1679. Élève de J. Marel.

50 — Le Nid.

Au fond d'une grotte, entre un noisetier et un tronc d'arbre dépouillé de son écorce, un rouge gorge a fait son nid dans les branches fleuries d'un pommier, et il le défend contre les attaques d'un martin-pêcheur. Au pied du tronc, sur une grosse pierre grise, sont déposés des coquelicots, du chèvrefeuille et d'autres plantes sauvages. Au milieu, plusieurs grenouilles barbotent dans une mare bordée de plantes aquatiques. Un serpent se cache sous les fleurs que couvrent des papillons, des chenilles, des araignées et une multitude d'autres insectes. A travers l'entrée de la grotte on découvre la campagne, et, à l'horizon, les montagnes.

Signé sur une pierre à droite A. Mignon.

Toile.—H. 69 c. L. 83 c.

MONI (Louis de)

Né à Breda en 1698, mort à Leyden en 1771. Élève de Ph. Van Dyck.

51 — Effet de lumière.

Un soldat chatouille sous le nez une femme endormie sur une chaise. Un autre soldat allume sa pipe à une chandelle sur la table. Le premier plan est éclairé par une grosse lanterne en cuivre. Pa la porte du fond entre une servante tenant une lampe et un pot de bière.

Cuivre.—H. 29 c. L. 23 c.

MOUCHERON (Frédéric de)

ET

VELDE (Adriaan van de)

Frédéric de Moucheron, né à Edam en 1633, mort en 1686. Élève de J. Asselyn.

52 — Paysage montagneux.

Au premier plan, une femme, sur un cheval blanc, cause avec un homme en descendant une colline. Ils suivent des paysans qui conduisent un troupeau de bœufs vers un gué. Plus loin, au bord d'un lac, deux paysans s'avancent vers l'eau, suivis d'une charrette. Ils descendent d'une hauteur que surmonte un vieil édifice entouré d'arbres. Les figures au premier plan, le lointa' et les montagnes à l'horizon sont éclairés par un beau soleil couch... ..

Signé à droite Moucheron f.

Toile.—H. 46 c. L. 63 c.

Collection van der Meulen.

NEER (Aart van der)

Né à Amsterdam en 1619, mort dans la même ville en 1683.

53 — Clair de lune.

Village traversé par une rivière et situé dans une campagne boisée. Tout est plongé dans le calme. Sur le premier plan, trois paysans sont occupés à couper et à transporter du bois. A droite et à gauche, on aperçoit les maisons du village, et à l'horizon un bateau sous voiles qui descend le fleuve. La lune éclaire les nuages épars dans le ciel et quelques troncs d'arbres debout ou renversés et se reflète dans la rivière et dans les fenêtres de plusieurs fermes.

Signé à droite sur un tronc d'arbre du monogramme. A. V. D. N.

Toile.—H. 72 c. L. 67 c.

NEER (Aart van der)

54 — Le Coup de vent.

Au centre du tableau, serpente au milieu des prairies couvertes de neige un canal glacé qui va se perdre à l'horizon. Au premier plan un seigneur et sa dame, une multitude de patineurs et d'autres personnes luttent contre le vent qui fait plier les arbres et chasse devant lui la neige et les nuages. A travers les nuées épaisses, la lune répand une pâle clarté. Au second plan à droite, une maison rustique entourée de champs inondés. Au troisième plan à gauche, un village et un moulin.

Signé à droite sur la glace du monogramme A. V. D. N.

Toile.—H. 57 c. L. 75 c.

NEER (Eglon Hendrik van der)

Né à Amsterdam en 1643, mort à Dusseldorf en 1703. Élève de son père A. van der Neer et de J. van Loo.

55 — Un Intérieur.

Une jeune dame, vêtue d'une casaque de satin blanc à rubans rouges et d'une robe de satin rose, est assise devant un clavecin. Elle a sur ses genoux une mandoline qu'elle semble accorder. A droite, près d'elle, se trouve un seigneur qui tient à la main un verre de vin.

Signé en haut à gauche E. van der Neer fc., 1669.

Bois.—H. 47 c. L. 38 c.

NETSCHER (Gaspard)

Né à Heidelberg en 1639, mort à la Haye en 1684. Élève de G. Terburg.

56 — La Famille du magistrat.

Devant un magnifique palais de style italien, dans un parc ombragé de gros arbres, se trouve réunie une famille composée d'un seigneur, de sa femme et de leurs six enfants. La mère, vêtue de satin blanc et portant un collier et des bracelets de perles, tient sur ses genoux son plus jeune enfant enveloppé dans une draperie bleue. Derrière elle, à sa droite, se tient son mari, le bras gauche appuyé sur le dossier de la chaise. Il porte une longue perruque et un costume de magistrat. Au-dessus de lui s'élève, entre deux colonnes, la statue de la Justice. A la gau che de la dame, se trouvent deux de ses filles, vêtues, l'une de satin rouge, l'autre de satin bleu. Elles tressent des couronnes de roses. Un peu plus loin, trois autres jeunes filles s'amusent à enguirlander de fleurs une statue. Dans le coin gauche du tableau, un pavot rouge en fleurs est placé dans un vase en terre cuite jaune.

Signé sur une pierre, sur le devant du tableau, G. Netscher f., 1667.

Toile.—H. 82 c. L. 90 c.

NETSCHER (Gaspard)

57 — La Musicienne.

A côté d'une table recouverte d'un tapis de Smyrne, est assise une jeune fille blonde, jouant de la guitare. Elle est vêtue d'une robe de satin rouge à manches tailladées, et porte un collier et des pendants d'oreilles en perles. Devant elle, sur la table, est placé son livre de musique.

Signé à gauche sur la boîte de la guitare G. Netscher, 1669.

Bois.—H. 35 c. L. 28 c.

NETSCHER (Gaspard)

58 — Une Jeune fille.

Elle porte une robe de satin orange à manches tailladées. Des rubans ornent ses cheveux blonds. Elle est debout près d'une table, dont le pied est formé par trois figures en pierre et sur laquelle se trouve un rosier, planté dans un pot en terre cuite. La jeune fille cueille une rose et elle en a déjà rassemblé plusieurs dans un pli de son tablier.

Bois.—H. 35 c. L. 28 c.

OCHTERVELT (Jacob)

Vivait vers le milieu du xviie siècle. Élève de N. Berchem.

59 — La Collation.

Une jeune femme, vêtue d'une casaque de velours rouge, bordé d'hermine et d'une robe de satin jaune, est assise sur un escabeau de velours vert. Elle est vue de dos, la figure tournée à droite. Son bras gauche est appuyé sur sa hanche et sa main droite levée tient un verre. Un gentilhomme, debout devant elle, lui adresse la parole en lui présentant une huître prise sur un plat d'argent qu'il porte de la main gauche. A côté de lui, sur une table couverte d'un tapis de Smyrne, un pot en faïence à couvercl   d'argent.

Signé à gauche J. Ochtervelt f.

Bois. — H. 42 c. L. 33 c.

OSTADE (Adriaan van)

Né à Lubeck en 1610, mort à Amsterdam en 1685. Élève de F. Hals.

60 — Le Cabaret.

Dans un cabaret de village, des paysans fument et boivent. L'un d'eux, assis sur un tabouret, bourre sa pipe en causant avec deux autres, dont l'un est accoudé sur la table. Un quatrième s'est levé de son siége et se verse un verre de bière. Au fond à droite, sous une vaste cheminée, deux autres paysans causent et fument; plus loin, une porte est ouverte. La scène est éclairée, à gauche, par une fenêtre à petits carreaux plombés.

Signé à droite A. V. Ostade.

Bois.—H. 32 c. L. 27 c.

Décrit au catalogue raisonné de Smith.—Suppl. page 104, n° 83.

OSTADE (Adriaan van)

61 — La Tabagie.

Dans un intérieur rustique, trois paysans sont assis autour d'un gros morceau de bois qui leur sert de table. Près d'eux une femme est debout. Un des fumeurs lui donne un verre de bière, les deux autres la regardent en riant. Au fond, un escalier conduisant à la porte d'un grenier.

Signé à droite Ostade, 1659.

Bois.—H. 27 c. L. 22 c.

3

OSTADE (Adriaan van)

62 — Le Repas.

Dans un hangar, des paysans mangent des moules. Le plat est posé sur un tonneau, autour duquel ils sont assis.

Bois.—H. 40 c. L. 58 c.

OSTADE (Adriaan van)

63 — Portrait du physicien Leeuwenhoek.

Il est assis, tourné à droite et vu de trois quarts. Le bras gauche appuyé sur une table. Des gants bruns à la main, la main droite est posée sur sa hanche. Il est vêtu de noir avec un col blanc. Devant lui un livre et un globe céleste.

Signé au pied du globe A. V. Ostade, 1665.

Bois.—H. 22 c. L. 18 c.

OSTADE (Isaac van)

Né à Lubeck en 1613, mort à Amsterdam en 1671. Élève de son frère A. van Ostade.

64 — Une Halte de voyageurs.

Sur un chemin bordé d'arbres, un jeune garçon conduit quatre porcs vers un cabaret, devant lequel se trouve une charrette attelée d'un cheval blanc, auquel un paysan donne à manger. Le second plan est éclairé par le soleil. Au troisième plan, on aperçoit le clocher d'une petite église et un village dont s'éloignent deux cavaliers. A l'horizon, les dunes.

Signé au milieu en bas J. van Ostade f.

Toile.—H. 106 c. L. 150 c.

Décrit au catalogue raisonné de Smith.—Suppl. page 126, n° 12

POORTER (Willem de)

Vivait au xviiᵉ siècle. Élève de Rembrandt.

65 — Allégorie.

Dans une grotte, auprès d'un tombeau, on voit des armures, un drapeau, une selle et un coffre noir entr'ouvert, d'où pendent des ornements et des draperies.

Signé à gauche sur une pierre du monogramme W. P.

Bois.—H. 54 c. L. 89 c.

PYNACKER (Adam)

Né à Pynacker en 1621, mort en 1673.

66 — Paysage.

Au premier plan, dans une contrée accidentée et couverte d'une végétation luxuriante, une chèvre et un bouc se reposent à l'ombre de plusieurs gros arbres touffus. Plus loin, le tableau est traversé par une route avec un pli de terrain d'un côté ; et de l'autre une colline boisée, sur laquelle passe un troupeau conduit par un berger. Une partie du premier plan, la route, les arbres qui la bordent et la colline sont éclairés par un splendide soleil couchant, tandis qu'à droite un nuage épais court vers l'horizon.

Collection du cardinal Fesch.

Toile.—H. 120 c. L. 105 c.

REMBRANDT (Van Ryn)

Né à Leyden en 1608, mort à Amsterdam en 1664. Élève de J. van Swanenburg et P. Lastman.

67 — Portrait de Mathys Kalkoen.

Il est debout, tourné à droite, la moitié du visage dans l'ombre. Il a les cheveux bruns et la barbe blonde. Sur un justaucorps en satin noir, il porte une large fraise. De la main droite il tient son manteau qui passe sous son bras, et de la main gauche ses gants bruns.

Tableau peint la même année et dans le même style que la célèbre leçon d'anatomie.

Toile.—H. 112 c. L. 90 c.

Signée en bas, à droite, R. van Ryn, 1632.

REMBRANDT (Van Ryn)

68 — Portrait du docteur Heinsius.

Il est coiffé d'un chapeau, de forme pointue, qui projette une ombre sur une partie de son front, et porte un col blanc sur un justaucorps noir.

Bois.—H. 54 c. L. 38 c.

RUYSDAEL (Jacob van)

Né à Haarlem en 1630, mort en 1681.

69 — Le Lac de Haarlem.

Le soleil perce les nuages et éclaire les restes d'une jetée en pilotis, contre lesquels de grosses vagues viennent se briser en les couvrant d'écume. Au second plan, un bateau à voiles jaunes est poussé par une fraiche brise, et plus loin d'autres navires se croisent en divers sens. A l'horizon, la tour d'une ville.

Signé à droite J. Ruisdael.

Toile.—H. 54 c. L. 64 c.

RUYSDAEL (Jacob van)

70 — La Cascade.

Au milieu du tableau, un torrent se précipite, en écumant, entre des rochers. A gauche, une colline couverte d'arbres et de buissons. A droite, sur une hauteur, deux hommes avec un chien blanc. Plus loin, au bord de l'eau, un bouquet d'arbres. A l'horizon, une ville et de hautes montagnes.

Signé à gauche J. v. Ruisdael.

Toile. — H. 54 c. L. 64 c.

RUYSDAEL (Jacob van)

71 — Vue d'Amsterdam.

Prise du Beerenbyt, la vue s'étend sur l'Amstel qui coule le long des maisons et des arbres, jusqu'aux grandes écluses et se perd dans la ville. Le soleil, perçant les nuages, éclaire en partie les tours et les maisons. Au premier plan, dans l'ombre, une maison entourée d'arbres.

Signé à gauche **J. Ruisdael.**

Toile.—H. 57 c. L. 67 c.

RUYSDAEL (Jacob van)

72 — Le vieux Marché au poisson d'Amsterdam.

Au premier plan, plusieurs seigneurs et dames se promènent près des marchandes assises derrière leurs paniers. Au second plan, dans un canal bordé de maisons, des bateaux amarrés avec leurs voiles qui sèchent. A droite, la tour d'une église.

Signé à droite **J. v. Ruisdael.**

Toile.—H. 53 c. L. 66 c.

RUYSDAEL (Salomon van)

Né à Haarlem en 1615, mort en 1670.

73 — Le Bac.

Au premier plan, le bac vient de quitter le rivage sur le bord duquel se trouvent quelques maisons entourées d'arbres de haute futaie. Il est chargé de trois vaches et de cinq hommes. L'un de ceux-ci est à cheval et sonne de la trompette. Au second plan, plusieurs petits bateaux à voile. A l'horizon, une ville.

Signé sur le bac **S. v. Ruisdael.**

Toile.—H. 79 c. L. 105 c.

SCHALCKEN (Godfried)

Né à Dordrecht en 1643, mort à la Haye en 1706. Élève de S. van Hoogstraten et de G. Dov.

74 — Portrait.

Une jeune femme aux cheveux blonds portant un collier de perles
et vêtue de satin blanc.

Signé à droite du monogramme G. S.

Cuivre.—Forme ovale.—H. 9 c. L. 7 c.

SOOLEMAKER (J.-F.)

Vivait au milieu du XIIe siècle. Élève de N. Berchem.

75 — L'Abreuvoir.

Dans un paysage montueux, deux paysans se sont arrêtés à une
fontaine. L'un d'eux se sert de son chapeau pour boire. A côté, une
femme agenouillée, entourée de son troupeau, est en train de traire
une chèvre.

Signé à droite sur la fontaine Soolemaker f.

Bois.—H. 32 c. L. 41 c.

SORGH (Hendrik-Martensz)

Né à Rotterdam en 1621, mort en 1682. Élève de D. Téniers
et W. Buitenweg.

76 — Le Cabaret.

Plusieurs paysans, assis autour d'une table dans un cabaret, fument et boivent de la bière à verres pleins. A gauche, quelques marches conduisent à une porte délabrée, près de laquelle une poule est
en train de pondre dans un panier accroché au mur. Au bas de
l'escalier, sont déposés différents ustensiles de ménage. Au fond, deux
paysans causent devant le feu.

Toile.—H. 48 c. L. 66 c.

SORGH (Hendrik-Martensz)

77 — Marchande de poisson.

Accompagnée d'un jeune garçon, elle marche sur le haut des dunes, d'où l'on aperçoit la plage et la mer.

Signé à gauche M. Sorgh.

Bois.—H. 38 c. L. 51 c.

STEEN (Jan)

Né à Leyden en 1636, mort à Delft en 1678. Élève de J. van Goyen.

78 — Le Festin.

Dans une vaste salle voûtée, une société nombreuse est réunie. Au fond est dressée une longue table, chargée de mets de tous genres, et autour de laquelle plusieurs convives se livrent à des manifestations bruyantes en élevant ou en vidant leurs verres. A l'extrémité gauche de la table, on voit une vieille dame en prières ; derrière elle, dans une sorte de niche où sont déposés, sur une planche, plusieurs ustensiles de ménage, deux hommes causent avec une femme. Au milieu de la salle une jeune fille et un paysan dansent au son de la cornemuse et du violon. Le joueur de cornemuse est debout sur un banc près de la table et le joueur de violon est perché sur l'entablement de la porte.

A droite, assis sur une chaise, contre une colonne, Jean Steen s'est représenté lui-même. Il est tête nue et regarde en riant le spectateur. Il croise sa jambe sur son genou, et tient de la main droite son chapeau et un grand verre.

Au premier plan, une femme donne le sein à son enfant, et un jeune garçon partage sa pitance avec un chat, que regarde d'un œil jaloux un chien qui entre. Dans le haut, un lustre de cuivre et des branches de verdure sont accrochés à une longue perche.

Signé à gauche sur le piédestal de la colonne du monogramme J. S.

Toile.—H. 74 c. L. 66 c.

Collection van Ouryk.

STEEN (Jan)

79 — La Fête des rois.

Dans une salle ornée de verdure, le roi et la reine, qui viennent d'être élus, sont assis à une table, au milieu de leurs sujets. Parmi ceux-ci, quelques-uns sont dans un état de gaieté assez avancée. Devant la table, un couple danse, vivement applaudi par un homme qui se tient debout sur un banc. A gauche, un homme joue du violon, pendant que le violoncelliste se rafraîchit avec un grand verre de bière. Du haut d'une galerie tendue d'un tapis et qui s'avance au-dessus de la table, un homme et une femme regardent la scène qui se passe en bas.

Signé à gauche J. Steen.

Bois. — H. 41 c. L. 52 c.

STEEN (Jan)

80 — Le Chirurgien.

Un chirurgien de village applique, d'un air grave, un emplâtre sur la jambe d'un paysan, qui semble horriblement souffrir. Sa femme, debout derrière lui, crie de compassion du mal qu'il endure.

Signé à droite J. Steen.

Bois. — H. 23 c. L. 20 c.

STEEN (Jan).

81 — L'Étudiant.

Un jeune homme, la main gauche appuyée sur son genou, est en train de lire. Son livre est posé sur une table couverte d'un tapis vert, et sur laquelle on voit un globe terrestre et un encrier sur un papier.

Signé sur le papier J. Steen.

Bois. — H. 24 c. L. 20 c.

TENIERS (David, le jeune)

Né à Anvers en 1610, mort à Bruxelles en 1694. Élève de son père D. Téniers et de A. Brouwer.

82 — Les Joueurs de boules.

Sur la place d'un village flamand, des paysans s'amusent à jouer aux boules. A droite, sur un chemin, un homme avec un chien. Au fond, devant une maison, des paysans et des paysannes qui causent.

Signé à droite D. Téniers f.

Bois.—H. 40 c. L. 65 c.

Décrit au catalogue raisonné de Smith, vol. 3, page 301.

TENIERS (David, le jeune)

83 — Intérieur de ferme.

Au premier plan à droite, une vieille femme est assise occupée à éplucher des navets. Près d'elle sont différents ustensiles de ménage et des légumes placés auprès d'un four. Plus loin, trois paysans groupés autour d'un feu, puis un homme qui entre.

Signé à droite D. Téniers.

Bois.—H. 50 c. L. 72 c.

VELDE (Willem van de)

Né à Amsterdam en 1633, mort à Londres en 1707. Élève de son père W. Van de Velde et S. de Vlieger.

84 — Vue du Texel.

Des bateaux de tous genres quittent en masse le port. A gauche, par-dessus l'extrémité d'une jetée où se promènent quelques personnages, on aperçoit les mâts et les voiles de plusieurs bateaux. Devant la jetée, deux gros bateaux, remplis de passagers et de marchandises, se préparent à partir. Au premier plan, à côté d'une bouée, des pê-

cheurs exercent leur métier. Au milieu passe une chaloupe se diri-
geant vers la gauche, tandis qu'un yacht de l'amirauté, toutes voiles
dehors, quitte le port en tirant un coup de canon. De nombreux
bateaux, sous voiles, se perdent à l'horizon. Les voiles blanches et
brunes se reflètent dans l'eau et le soleil couchant éclaire les nuages
qui envahissent le ciel.

Signé à gauche sur une planche W. V. Velde, 1673.

Bois.—H. 45 c. L. 64 c.

Décrit au catalogue raisonné de Smith, vol. 6, page 322, n° 7.

VELDE (WILLEM VAN DE)

85 — Vue du Zuiderzée.

Au premier plan à gauche, deux bateliers s'efforcent de mettre à
flot leur barque engravée dans un banc de sable, un troisième vient
à leur secours. A droite, un petit navire gagne péniblement le large,
poussé à la gaffe par son équipage. Plus loin, quantité de vaisseaux
se croisent en tous sens ou se balancent à l'ancre. De gros nuages
couvrent à moitié le ciel bleu et limpide.

Collection Vrancken.

Toile.—H. 34 c. L. 48 c.

Décrit au catalogue raisonné de Smith, vol. 6, page 347, n° 103,

VERKOLJE (JOHANNES)

Né à Amsterdam en 1650, mort à Delft en 1693. Élève de J. Lievens.

86 — Le Taquin.

Sous le péristyle d'une maison de campagne, est assise une dame,
vêtue d'une robe de satin violet par-dessus une jupe de satin blanc.
Près d'elle sont deux gentilshommes. L'un d'eux, se penchant sur la
table et s'appuyant sur la jambe gauche de l'autre, agace un petit
chien que tient la dame sur ses genoux. Celle-ci se détourne pour évi-
ter le taquin. Le second gentilhomme est assis, les jambes croisées,
contre le tapis de velours rouge qui couvre la table. Il porte un béret
à plume blanche et joue de la flûte. A côté de la dame, une mandoline
est placée contre un tabouret, sur lequel se trouvent quelques cahiers
de musique. Plus loin, un nègre apporte des fruits sur un plat
d'argent.

Toile.—H. 54 c. L. 65 c.

VERSCHUUR (LIEVE)

Né à Rotterdam vers le commencement du XVIIe siècle.

87 — Vue de Rotterdam.

Au premier plan, sur la Meuse, une barque montée par deux hommes, l'un d'eux jette ses filets. Plus loin, quelques navires marchands sont à l'ancre, plusieurs embarcations se croisent entre ces navires et le quai, et transportent à terre les passagers et les marchandises.

Signé sur le bateau pêcheur L. Verschuur.

Toile.—H. 80 c. L. 110 c.

VLIET (HENDRIK VAN)

Né à Delft en 1608. Élève de Mierevelt.

88 — Intérieur d'une église protestante.

Le pasteur est en chaire. L'auditoire est plongé dans un profond recueillement. Au premier plan, à droite, près d'une colonne, un gentilhomme écoute le sermon.

Signé à droite sur la colonne H. van Vliet. A. 1666.

Bois.—H. 59 c. L. 54 c.

VOIS (ARIE DE)

Né à Leyden en 1641. Élève de A. van den Temple.

89 — Le Fumeur.

Un officier est assis devant une table sur laquelle est un réchaud. Il bourre sa pipe et regarde en riant par-dessus son épaule droite. Il porte une cuirasse et une écharpe rouge sur son collet de buffle.

Bois.—H. 22 c. L. 17 c.

WEENIX (Jan)

Né à Amsterdam en 1644, mort en 1719. Élève de son père J. B. Weenix.

90 — Gibier.

Dans un paysage accidenté, au pied d'un grand vase en pierre sculptée, sont groupés des engins de chasse, des fleurs et du gibier. Au milieu du tableau un gros lièvre est pendu par la patte à un fusil à rouet appuyé contre le vase; sur le piédestal gît un coq de bruyère. A côté, contre la crosse du fusil, deux pigeons et une perdrix étendus. Au premier plan, un sifflet et un petit oiseau.

Signé à droite sur le pied du vase J. Weenix f., 1701.

Toile.—H. 120 c. L. 93 c.

Collection de Court van Valkenswaard.

WEENIX (Jan)

91 — Démocrite.

Le philosophe est assis sous le feuillage épais d'un gros arbre écrivant son Traité de la Folie sur les larges pages d'un livre placé sur un piédestal en pierre, à côté d'une tête de mort et d'un encrier. A droite, près du philosophe, sont déposés un chevreuil, un lièvre, une oie, un héron et d'autres pièces de gibier. Derrière lui, Hippocrate l'observe. Plus loin, les Abdéritains sur la colline.

Signé à gauche sur le piédestal J. Weenix, 1669.

Toile.—H. 63 c. L. 83 c.

WEENIX (Jan)

92 — Perdreaux.

Deux perdreaux et un martin-pêcheur étendus sur une table en pierre jaune.

Signé à droite J. Weenix f.

Toile.—H. 46 c. L. 57 c.

WITT (Emanuel de)

Né à Alkmaar en 1607, mort à Amsterdam en 1692. Élève de E. van Aalst.

93 — Intérieur d'église.

A droite au premier plan, une dame, avec un enfant, se dirigent vers un banc. Sur ce banc, un seigneur en manteau rouge, avec son page et un autre personnage, écoutent le sermon. Plus loin, plusieurs bourgeois, en costumes divers, sont debout ou assis. Le second plan et différentes parties de l'église sont éclairés par le soleil.

Bois.—H. 90 c. L. 80 c.

WOUWERMAN (Philip)

Né à Haarlem en 1620, mort dans la même ville en 1668. Élève de J. Wynants.

94 — Le Débarcadère.

Sur un terrain, que baigne une rivière, deux hommes déchargent une charrette. A côté sont les deux chevaux dételés, l'un blanc, l'autre brun. Le premier mange du foin sur un tonneau, le second s'est couché. Derrière eux on voit arriver un chariot attelé d'un cheval alezan. Par devant, sur un tas de couvertures, un homme est endormi auprès de son chien. Plus loin, un seigneur, en manteau rouge, parle à un batelier. A l'horizon, quelques navires sur la rivière que bordent des montagnes.

Signé à droite du monogramme Ph. W.

Collection Van Ouryk.

Bois.—H. 41 c. L. 35 c.

Décrit au catalogue raisonné de Smith, vol. 1, page 240, n° 135.

Vendu en 1794, 22,600 assignats.

WOUWERMAN (Philip)

95 — Effet d'hiver.

Au premier plan, sur un canal gelé, qui va passer plus loin sous le pont d'une vieille tour, deux hommes avec un cheval bai-brun se sont arrêtés. Le cheval mange du foin jeté sur la glace. A gauche, une maison rustique, au toit blanc de neige, et vers laquelle se dirigent un enfant et une femme qui vient de puiser de l'eau. Un nuage épais s'avance au-dessus des collines, couvertes de neige, qui cachent l'horizon.

Signé à droite du monogramme Ph. W.

Bois.—H. 41 c. L. 33 c.

WOUWERMAN (Philip)

96 — Vue des dunes.

Au milieu d'un paysage sablonneux, un cavalier suivi d'un chien blanc, gravit une colline au-dessus de laquelle apparaît le toit d'une cabane. A droite, un ruisseau qui se perd dans les dunes et reparait au troisième plan, au milieu d'une plaine.

Signé au milieu en bas Ph. W.

Bois.—H. 20 c. L. 34 c.

WOUWERMAN (Pieter)

Né à Haarlem.

97 — Le Cabaret de village.

Un seigneur et une dame à cheval se sont arrêtés devant un cabaret de village où des paysans et des paysannes dansent au son de la vielle.

Signé à gauche P. W.

Bois.—H. 20 c. L. 34 c.

WOUVERMAN (Jan)

Mort à Haarlem en 1666.

98 — Vue des dunes.

Au milieu des dunes, un fleuve coule sous un pont et va se perdre à gauche derrière une colline que dépasse le toit d'une maison rustique entourée d'arbres. Le soleil couchant éclaire les nuages et une partie du terrain, qui est accidenté et sablonneux.

Bois.—H. 27 c. L. 45 c.

ANRAAT (Pieter van)

Vivait en 1672, à Amsterdam.

99 — Portrait de Jan de Wit.

Toile — H. 47 c. L. 38 c.

ANRAAT (Pieter van)

100 — Portrait de Cornelis de Wit.

Toile. — H. 48 c. L. 36 c.

BAEN (Jan de)

Né à Haarlem en 1633, mort à Amsterdam en 1702.

101 — Portrait de Jean de Wit.

Ce tableau a servi pour la gravure de Visscher.

Signé à droite, Jean de Baen, 1666.

Toile. — H. 110 c. L. 83 c.

BISSCHOP (Cornelis)

Né à Dordrecht en 1630, mort en 1674, Élève de F. Bol.

102 — Allégorie sur Cornélis de Wit.

Au fond on voit l'expédition de Rochester.

Signé Cornelis Bisshop 1668.

Toile. — H. 103 c. L. 150 c.

BLOEMAART (Abraham)

Né à Gorinchem en 1565, mort à Utrecht en 1658.

103 — Vertumne et Pomone.

Toile.—H. 86 c. L. 98 c.

BLOM (Jan)

Florissait vers la fin du XVIIe siècle.

104 — Le Gué.

Des paysans, avec leur troupeau, traversent un ruisseau qui coule au pied d'un rocher.

Toile.—H. 32 c. L. 44 c.

DUSART (Cornelis)

105 — Le Tambour du village.

Grisaille sur papier.—H. 21 c. L. 19 c.

GELDER (Aart de)

Né à Dordrecht en 1645, mort en 1727. Élève de S. van Hoogstraten et de Rembrandt.

106 — Mardochée chez Esther.

Toile.—H. 52 c. L. 55 c.

HENN (Adriaan)

Vivait au xviie siècle.

On trouve de ses œuvres dans la galerie de Hampton-Court.

107 — Paysage italien.

Une paysanne sur un cheval blanc cause avec un pâtre.
Signé A.-D. Henn.

Toile.—H. 80 c. L. 63 c.

HENN (Adriaan)

108 — Paysage montagneux.

Toile.—H. 80 c. L. 63 c.

HUYSUM (Jan van)

Né à Amsterdam en 1680, mort dans la même ville en 1749. Élève de
son père, Juxtus van Huysum.

109 — Fleurs diverses groupées dans un vase.

Signé à gauche, J. van Huysum fecit.

Bois.—H. 42 c. L. 33 c.

INCONNU

110 — Allégorie sur Cornélis de Wit.

Il est assis son bâton de commandement à la main. A côté de lui la
Renommée tient un papier avec cette inscription : Heer Wit door
Godes kracht, ons alher vrede bracht. »

Toile.—H. 57 c. L. 70 c.

4

INCONNU

111 — Vues du Rhin.

Deux pendants.

Bois.—H. 10 c. L. 17 c.

LORME (Anton de)

Florissait au xviie siècle.

112 — Intérieur d'une église.

Effet de lumière.

Bois.—H. 51 c. L. 66 c.

MANS (Fredericus)

Vivait vers la fin du xviie siècle.

113 — Village hollandais.

Effet de neige.

Signé droite, F. Mans 1678.

Toile.—H. 34 c. L. 43 c.

MEER (Jan van der, le jeune)

Florissait vers la fin du xviie siècle. Élève de N. Berchem.

114 — Moutons dans un paysage.

Signé J. van der Meer de Jonge.

Bois.—H. 39 c. L. 50 c.

ORLEY (Jan van)

Né à Bruxelles en 1656.

115 — Le Christ et les petits Enfants.

Cuivre.—H. 29 c. L. 37 c.

POEL (Egbert van der)

Né à Rotterdam au xviie siècle.

116 — Scène d'incendie et de pillage.

Une demeure seigneuriale incendiée et pillée pendant la nuit.

Bois.—H. 36 c. L. 49 c.

STORCK (Abraham)

Né à Amsterdam en 1650.

117 — Port de mer italien.

Signé à gauche, A. Storck fecit.

Bois.—H. 25 c. L. 36 c.

STORCK (Abraham)

118 — Ruines d'un temple au bord de l'eau.

Signé à gauche, A. Storck.

Bois.—H. 26 c. L. 36 c.

ULFT (Jacob van der)

Né à Gorinchem en 1627.

119 — La Continence de Scipion.

Grande et riche composition.

Signé en haut à droite, Jac van der Ulft 1678.

Toile.—H. 81 c. L. 132 c.

VICTOR (Jan)

Vivait dans la première moitié du xviie siècle.

120 — Prairie coupée par des canaux.

Un paysan et une paysanne sont assis dans une barque avec leurs seaux à lait. Au second plan, des vaches près d'une ferme entourée d'arbres.

Signé sur le bateau, J. Victor.

Toile.—H. 62 c. L. 78 c.

VLIEGER (Simon de)

Né à Amsterdam en 1612. Élève de W. van de Velde le jeune.

121 — Mer agitée.

Un vaisseau de guerre et d'autres navires se croisent en divers sens.

Toile.—H. 78 c. L. 109 c.

WALTSKAPELLE (Jacob)

Vivait au xviie siècle.

122 — Fruits et Fleurs.

Toile.—H. 43 c. L.

WYCK (Thomas)

Né à Haarlem en 1616, mort à Londres en 1686.

123 — Un Laboratoire d'alchimiste.

Signé à gauche T. Wyck.

Bois. H. 46 c. L. 37 c.

WYNANTS (Jan)

Né à Haarlem en 1600, mort en 1675.

124 — Paysage montagneux.

Au premier plan, un seigneur monté sur un cheval blanc cause avec un chasseur entouré de ses chiens. Plus loin, une rivière. A l'horizon, les montagnes.

Signé à gauche J. Wynants.

Toile.—H. 66 c. L. 86 c.

ÉCOLE DE RAPHAEL

125 — La Foi.

Bois.—H. 50 c. L. 31 c.

TABLEAUX MODERNES

Salle n° 5

EXPOSITION PARTICULIÈRE

Le Samedi 5 Mai 1866, de une heure à cinq heures.

EXPOSITION PUBLIQUE

Le Dimanche 6 Mai 1866, mêmes heures.

VENTE

Les Lundi 7 et Mardi 8 Mai 1866, à 2 heures 1/2 précises.

TABLEAUX MODERNES

ACHENBACH (Andre)

126 — Vue de Norvége.

Un torrent impétueux, dont le lit est bordé de sapins, bondit entre des rochers et roule des troncs d'arbres.

Toile.—H. 74 c. L. 104 c.

ACHENBACH (Andre)

127 — Soleil couchant.

Sur une plage, éclairée par les reflets du soleil, que cache un gros nuage, deux barques de pêcheurs se préparent à gagner la pleine mer.

Bois.—H. 46 c. L. 67 c.

VAN DE SANDE BAKHUYZEN (H.)

128 — Paysage et Animaux.

Dans un paysage de la Gueldre, des bergers se reposent auprès de leurs troupeaux. Quelques brebis et deux vaches courent au milieu d'une mare.

Bois.—H. 77 c. L. 102 c.

VAN DE SANDE BAKHUYZEN (H.)

129 — Vue d'Allemagne.

Au milieu de sapins et de chênes, une cascade bondit entre des rochers.

Bois.—H. 42 c. L. 35 c.

BENDORP (K.)

130 — Le Maraudeur.

Toile.—H. 73 c. L. 66 c.

BOSBOOM (J.)

131 — Intérieur d'une église protestante.

Bois.—H. 40 c. L. 31 c.

BREWHAUS DE GROOT (F.)

132 — Paysage.

Bois.—H. 21 c. L. 17 c.

VAN DEN BROEK (M.)

133 — Ferme hollandaise au bord de l'eau.

Bois.—H. 48 c. L. 61 c.

CALAME (Alex.)

3.600.

134 — Vue de Suisse.

Un torrent descend à l'ombre d'un bouquet d'arbres qu'éclaire le soleil couchant.

Toile.—H. 50 c. L. 80 c.

COUCKE (J.)

135 — Paysage flamand.

Bois.—H. 70 c. L. 94 c.

CRANS (J.-M. Schmidt)

136 — Le Dernier morceau de pain.

Toile.—H. 59 c. L. 49 c.

DECAMPS

5.800.

137 — Bertrand et Raton.

Raton avec sa patte,
D'une manière délicate,
Écarte un peu les cendres et retire les doigts;
Puis les reporte à plusieurs fois,
Tire un marron, puis deux, et puis trois en escroque,
Et cependant Bertrand les croque.

La Fontaine.

Toile.—H. 38 c. L. 46 c.

DIAZ (N.)

138 — Intérieur de forêt.

Bois.—H. 35 c. L. 27 c.

VAN EYSDEN (R.)

139 — La Lecture.

Toile.—H. 96 c. L. 77 c.

VAN EYSDEN (R.)

140 — Tête d'homme.

Toile.—H. 53 c. L. 49 c.

GÉRICAULT

141 — Tête de jeune garçon.

Toile.—H. 44 c. L. 33 c.

GUDIN

142 — Vue des côtes de France.

Toile.—H. 37 c. L. 57 c.

VAN HOVE (H.)

143 — Vente du mobilier de Rembrandt.

Le grand artiste, s'étant trop livré à son goût pour les objets d'art, fut contraint, par acte de justice, de vendre son cabinet en 1656.

Toile.—H. 175 c. L. 139 c.

JONXIS (J.-L.)

144 — La Veillée.

Effet de lumière.

Bois.—H. 60 c. L. 70 c.

JONXIS (P.-H.)

145 — Intérieur d'une ville.

Effet de lune.

Bois.—H. 46 c. L. 56 c.

JORDAN (R.)

146 — Scène d'intérieur.

Dans une cabane de pêcheur de l'île de Markem, une jeune mère regarde en souriant son mari qui apporte d'un air gauche le dîner qu'il a préparé.

Toile.—H. 62 c. L. 70 c.

ISABEY (Eug.)

147 — La Présentation.

Dans un parterre qui s'étend devant un vieux château, plusieurs gentilshommes saluent des dames qui descendent d'un escalier.

Toile.—H. 63 c. L. 90 c.

VAN DER KAA (J.)

148 — Le Corps de garde.

Bois.—H. 35 c. L. 29 c.

TEN KATE (H. F. C.)

149 — Le Retour.

Un zouave revenu dans son pays natal raconte ses exploits.

Bois.—H. 17 c. L. 23 c.

DE KEYZER (Nic.)

150 — Le Tasse visitant sa sœur à Sorente.

Bois.—H. 26 c. L. 20 c.

DE KLERK (W.)

151 — Vue d'Allemagne.

Bois.—H. 56 c. L. 79 c.

DE KLERK (W.)

152 — Vue de la Gueldre.

Bois.—H. 50 c. L. 68 c.

KOBELL (J. D'UTRECHT)

153 — Animaux dans un pâturage.

Trois vaches et quelques moutons auprès de saules, au milieu d'un paysage.
Collection Van der Meulen.

Bois.—H. 60 c. L. 73 c.

KOEKKOEK (B. C.)

154 — La Forêt.

Dans une forêt, à l'ombre d'un bouleau et de quelques gros chènes, se trouve un monument, auprès duquel paissent des bestiaux. La forêt est traversée par un ruisseau que longe un chemin sur lequel s'avance un paysan et deux mulets. A travers une éclaircie on aperçoit à l'horizon un bâtiment sur une hauteur.

Toile.—H. 72 c. L. 92 c.

KOEKKOEK (H.)

155 — Le Zuiderzée.

Plusieurs bateaux se croisent en tous sens. Une fraîche brise agite les eaux.

Toile.—H. 40 c. L. 55 c.

KOEKKOEK (H.)

156 — Marine.

Bois.—H. 27 c. L. 37 c.

KONING (L. DE)

157 — Pâturage au bord de la Meuse.

Une paysanne, environnée de bestiaux, est en train de traire une vache.

Bois.—H. 49 c. L. 66 c.

KONING (L. DE)

158 — Vue du Rhin.

Animaux sur les bords du fleuve.

Bois.—H. 49 c. L. 66 c.

LAMME (A. J.)

159 — Le Comte de Buren.

Sentant approcher sa fin, il se fait armer de pied en cap et porter dans la salle de son hôtel, où il y avait sa famille, des gentils-hommes et tous ses serviteurs, qu'il recommandait à l'évêque d'Arras; il fit approcher un pauvre fauconnier qui se cachait der-rière les autres disant à l'évêque : Qu'il aye sa vie en ma maison tant qu'il vivra. Tous les assistants voyant un si familier devis d'un si grand seigneur, se mirent à pleurer.

BRANTOME.

Bois.—H. 76 c. L. 98 c.

LAMME (A.-J.)

160 — Dordrecht délivrée du joug espagnol.

Pendant que les magistrats reçoivent à l'hôtel de ville le commandant des gueux de mer, Barthold Entens, les habitants proclament le prince d'Orange gouverneur de la ville.

Bois.—H. 107 c. L. 92 c.

LAMME (A.-J.)

161 — La Surprise.

Le corps de garde espagnol d'Oudenaerde est surpris par les gueux de mer.

Bois.—H. 50 c. L. 62 c.

LAMME (D.-A.)

162 — Intérieur d'atelier.

Toile.—H. 52 c. L. 45 c.

LEYS (H.)

163 — Le Boucher.

Il est occupé à couper un morceau de viande pour une femme qui attend devant l'étal avec son enfant.

Bois.—H. 29 c. L. 37 c.

MARILHAT

164 — Ville turque.

Des maisons au bord d'une rivière traversée par un pont. Plus loin, un minaret.

Toile.—H. 41 c. L. 62 c.

5

MEISSONNIER

165 — La Sentinelle.

Soldat du temps de Henri III, appuyé contre la muraille et tenant de la main gauche sa hallebarde.

Bois.—H. 27 c. L. 15 c.

MEYER (L.)

166 — Une Plage.

Des bateaux pêcheurs à l'ancre; le soleil perçant les nuages éclaire l'horizon.

Bois.—H. 45 c. L. 68 c.

MEYER (L.)
ET
MOERENHOUT (J.-J.)

167 — Le Naufrage.

Des pêcheurs chargent une charrette à deux chevaux de malles et de marchandises qu'ils retirent d'un bâtiment jeté à la côte.

Toile.—B. 73 c. L. 107 c.

MOERENHOUT (J.-J.)

168 — Chasse au faucon.

Dans une plaine, des cavaliers et des dames à cheval se livrent au plaisir de la chasse.

Bois.—H. 39 c. L. 52 c.

MOLYN (P. M.)

169 — Les Brigands.

Dans une habitation délabrée, plusieurs brigands armés sont debout ou assis autour d'une table.

Bois.—H. 46 c. L. 39 c.

NUYEN (W. J. J.)

170 — L'Automne.

Au milieu d'un paysage montagneux et boisé, un paysan monté sur un âne cause avec deux enfants.

Bois.—H. 37 c. L. 46 c.

NUYEN (W. J. J.)

171 — Le Repos des moissonneurs.

Bois.—H. 22 c. L. 27 c.

NUYEN (W. J. J.)

172 — Vieille tour au bord de la mer.

Bois.—H. 22 c. L. 27 c.

OMMEGANCK (B. P.)

13 — L'Alarme.

Des vaches et des moutons, qui étaient couchés au bord de l'eau, sont effrayés par un autre troupeau qu'on voit arriver au sommet d'une colline. Le berger, mis en éveil par son chien, se lève pour rétablir l'ordre. A l'horizon, des montagnes éclairées par un beau soleil couchant.

Provient de la succession de l'artiste.

Bois.—H. 65 c. L. 72 c.

VAN OS (G. J. J.)

174 — Fruits et Fleurs.

Riche composition de fruits et fleurs groupés sur une table en marbre.

Bois.—H. 64 c. L. 53 c.

VAN OS (P. G.)

175 — Animaux aux repos.

Toile.—H. 54 c. L. 80 c.

REEKERS (H.)

176 — Fleurs.

Fleurs diverses groupées dans un vase en terre rouge.

Bois.—H. 40 c. L. 33 c

ROBBE (L.M.D.)

177 — Moutons au pâturage.

Toile.— H. 40 c. L. 53 c.

ROSIERSE (J.)

178 — La Lecture.

A la clarté d'une chandelle, une jeune femme lit une lettre à une vieille dame et à un jeune garçon debout derrière elle.

Bois.—H. 50 c. L. 41 c.

ROSIERSE (J.)

179 — Le petit Trompette.

Dans l'embrasure d'une fenêtre, une servante surveille trois enfants qui jouent.

Bois.—H. 40 c. L. 32 c.

ROUX (Louis)

180 — Le Cercle de la reine Anne d'Autriche.

Le roi Louis XIII, qui vient d'accompagner sur le luth Mlle de la Fayette, cause avec elle à voix basse. Le cardinal de Richelieu, tout en s'entretenant avec une dame de la cour, semble les observer avec attention.

Toile.—H. 61 c. L. 100 c.

RUTTEN (J.)

181 — Intérieur d'église.

Toile.—H. 61 c. L. 50 c.

SAINT-JEAN

182 — Fleurs.

Sur une table en chêne sculpté est placé dans un vase un superbe bouquet de fleurs. Au pied du vase une grappe de raisin noir.

Toile.—H. 84 c. L. 66 c.

SCHEFFER (Ary)

183 — Le Coupeur de nappe.

Ulrich, fils du comte Eberhard de Wurtemberg, avait perdu la bataille de Reutlingen, où périt une grande partie de la noblesse, et où lui-même fut grièvement blessé.

« Lorsqu'il fut guéri de ses blessures, il chevaucha vers Stuttgard, « sans trop se hâter toutefois. Il trouva son vieux père tout seul, « prenant son repas. Une réception glaciale ! Pas une parole ne « retentit dans la salle.

« Ulrich se place en face de son père; il baisse les yeux. On lui « apporte le vin et le poisson. Alors le vieillard saisit un couteau, « et, sans prononcer une parole, coupe la nappe entre eux deux. »

Ballade d'UHLAND.

Toile.—H. 166 c. L. 210 c.

SCHEFFER (Ary)

184 — Le Larmoyeur.

Ulrich, désespéré de l'affront qu'il a reçu de son père, se précipite au milieu du premier combat; il gagne la bataille de Doffingen et s'y fait tuer.

« Le comte passe la nuit près du corps de son Ulrich, de son fils « unique. Il s'agenouille près de la civière. S'il a pleuré en silence; « peut-être ! Nul ne le sait. »

Ballade d'UHLAND.

Toile.—H. 166 c. L. 210 c.

SCHEFFER (Ary)

185 — La Madeleine en extase après la Résurrection du Christ.

Jésus lui dit : « Marie ! »

(SAINT JEAN, ch. XX, v. XIV.)

Toile.—H. 92 L. 61 c

SCHEFFER (Ary)

186 — Saint Jean écrivant l'Apocalypse.

Toile.—H. 92 c. L. 61 c.

SCHEFFER (Ary)

187 — Tête de Christ avec les mains jointes.

« Vous donc, priez ainsi : Notre Père qui êtes aux cieux, etc. »
(SAINT MATTHIEU, ch. VI, v. IX.)

Toile.—H. 62 c. L. 45 c.

SCHEFFER (Ary)

188 — L'Enfant prodigue.

Il partit donc et vint vers son père. Et comme il était encore loin, son père le vit et fut touché de compassion; et courant à lui, il se jeta à son cou et le baisa.

(Saint Luc, ch. XV, v. xx.)

Bois.—H. 66 c. L. 50 c.

SCHEFFER (Ary)

189 — Le roi de Thulé.

Il était un roi de Thulé
Fidèle jusqu'au tombeau,
Auquel sa bien-aimée, en mourant
Avait donné une coupe d'or.

Rien ne lui était aussi précieux,
Il s'en servait à chaque repas,
Ses yeux se remplissaient de larmes
Chaque fois qu'il la vidait.

(Ballade de Goethe.)

Toile—H. 50 c. L. 34 c.

SCHEFFER (Ary)

190 — Tête de femme.

Première pensée pour le tableau des plaintes de la jeune fille.

(Ballade de Schiller.)

Toile.—Forme ovale.—H. 39 c. L. 31 c.

SCHEFFER (ARY)

191 — Tête de vieillard.

Bois.—H. 52 c. L. 44 c.

SCHEFFER (HENRY)

192 — La Vierge et l'enfant Jésus.

Toile.—H. 29 c. L. 20 c.

SCHELFHOUT (A.)

193 — Vue de Haarlem.

Au milieu des dunes, un chasseur cause avec des paysans; à droite,
un canal, plus loin, des arbres et des prairies. A l'horizon, la ville de
Haarlem.

Bois.—H. 60 c. L. 74 c.

SCHELFHOUT (A.)

194 — Vue des côtes de France, près du Havre.

Bois.—H. 36 c. L. 49 c.

SCHELFHOUT (A.)

195 — Vue de la Gueldre.

Bois.—H. 28 c. L. 32 c.

SCHELFHOUT (A.)

196 — Paysage hollandais.

Effet d'hiver.

Toile.—H. 22 c. L. 28 c.

SCHELFHOUT (A.)

ET

MOERENHOUT (J. J.)

197 — Lac glacé en Hollande.

Des traineaux et des patineurs se croisent en divers sens sur la glace. Effet de soleil couchant.

Toile.—H. 87 c. L. 121 c.

SCHOTEL (J. C.)

198 — Les Eaux de la Zélande.

Des marins, sur une jetée, saisissent les câbles qu'on leur lance d'un bateau sous voile qui va entrer dans le port. Au large, un bateau lutte contre un vent violent qui soulève les flots. Plus loin, un chasse-marée à l'ancre. Quelques voiles se perdent à l'horizon.

Toile.—H. 71 c. L. 93 c.

SCHOTEL (J. C.)

199 — Marine.

Sur une mer agitée sillonnée par de nombreux bâtiments, un yacht de l'amirauté salue d'un coup de canon un vaisseau à trois ponts qui arrive toutes voiles dehors. A l'horizon, les dunes.

Bois.—H. 68 c. L. 97 c.

SCHOTEL (J. C.)

200 — Plage par un temps calme.

Bois.—H. 35 c. L. 49 c.

SCHOTEL (P. J.)

201 — L'Escaut, le Canal, l'Océan et la Méditerranée.

Quatre tableaux dans un seul cadre.

Bois.—H. 22 c. L. 32 c.

SCHOUMAN (M.)

202 — La rade de Batavia.

Toile.—H. 56 c. L. 49 c.

SIEGERT (A.)

203 — Intérieur.

Une petite fille, occupée à écrire, garde un enfant au berceau.

Toile.—H. 37 c. L. 32 c.

SLINGENEYER (E.)

204 — Le Vengeur.

L'équipage du *Vengeur*, refusant de se rendre, est englouti par les flots.

Toile.—H. 88 c. L. 67 c.

SMAK (G. G.)

205 — Paysage.

Des vaches et un cheval dans une prairie.

Bois.—H. 39 c. L. 53 c.

SPRINGER (C.)

206 — Le marché de Zwolle.

A droite, adossé à la cathédrale, se trouve le corps de garde. En face, sous les arbres, se tient le marché où afflue la foule.

Toile.—H. 79 c. L. 98 c.

SPRINGER (C.)

207 — Vue de la ville de Gouda.

Bois.—H. 33 c. L. 40 c.

VAN STRY (A.)

208 — Intérieur.

Une femme, descendant un escalier, écoute les propos de deux jeunes gens.

Bois.—H. 60 c. L. 50 c.

VAN STRY (A.)

209 — Une Cour.

Deux enfants devant la porte d'une maison.

Bois.—H. 68 c. L. 53 c.

VAN STRY (A.)

210 — Le Musicien.

Un homme, assis dans l'embrasure d'une fenêtre, tient de la main gauche un violon, et de la droite un verre de vin.

Bois.—H. 42 c. L. 32 c.

VAN STRY (J.)

211 — Troupeau au repos.

Un homme à cheval cause avec un paysan. Près d'eux sont trois vaches couchées et trois autres debout. Effet de soleil couchant.

Bois.—H. 69 c. L. 90 c.

VAN STRY (J.)

212 — Paysage de la Gueldre.

Un paysan, près d'un cheval blanc, cause avec un cavalier. Plus loin, des bergers près de leur troupeau.

Bois.—H. 67 c. L. 90 c.

VAN STRY (J.)

213 — Paysage.

Groupe d'arbres sur un terrain élevé. Au fond, une ferme.

Bois.—H. 68 c. L. 90 c.

VAN STRY (Jac.)

214 — Une Ferme.

Deux paysans avec un cheval blanc devant une ferme.

Bois.—H. 33 c. L. 40 c.

VERBOECKHOVEN (Eug.)

215 — Moutons.

Une brebis debout, près de deux agneaux couchés dans la verdure.

Bois.—H. 40 c. L. 34 c.

VERHEYEN (Jan-Hend.)

216 — Intérieur d'une ville.

Grands édifices et maisons au bord d'un canal.

Bois.—H. 72 c. L. 90 c.

VERHEYEN (Jan-Hend.)

217 — La Porte d'une ville.

Bois.—B. 40 c. L. 35 c.

VERHEYEN (Jan-Hend.)

218 — La Marchande de légumes.

Bois.—H. 17 c. L. 16 c.

VERHEYEN (Jan-Hend.)

219 — L'Entrée d'une cour.

Bois.—H. 17 c. L. 16 c.

VERNET (Horace)

220 — Joseph vendu par ses frères.

A côté d'un puits, à l'ombre d'un palmier, se tiennent les frères de Joseph. Les marchands madianites emmènent dans le lointain l'enfant qu'ils viennent d'acheter. Deux des frères comptent l'argent; les autres plongent les vêtements de Joseph dans un plat rempli du sang d'un bouc qu'ils ont tué.

Gravé par Jazet.

Toile.—H. 137 c. L. 100 c.

WALDORP (Ant.)

221 — Vue de Delft.

Un moulin au bord d'un canal. Plus loin, au-dessus des maison on aperçoit la tour d'une église.

Toile.—H. 81 c. L. 64 c.

Renou et Maulde, imprimeurs de la Compagnie des Commissaires-Priseurs, rue de Rivoli, 144.   50530

Les tableaux modernes formant la galerie de feu M. Herman de Kat ont été vendus, hier et lundi; la première vacation a produit 107,611 fr.; la seconde 134,219 fr. Les principales enchères ont porté sur les tableaux suivants : Vue de Suisse, par Calame, 3,600 fr.; Bertrand et Raton, par Decamps, 5,800 fr.; la Présentation, par Isabey, 5,300 fr.; le Boucher, par Leys, 4,030 fr.; la Sentinelle, de Meissonnier, 4,450 fr.; Ville turque, de Marilhat, 3,500 fr.; Fleurs, par Saint-Jean, 9,800 fr.; Joseph vendu par ses frères, d'Horace Vernet, 32,800 fr.; Soleil couchant, d'Achenbach, 7,100 fr., l'Alarme, par Ommeganck, 4,500 fr.; le Coupeur de nappe et le Larmeyeux, par Ary Scheffer, 40,500 fr.; Madeleine en extase, du même, 17,000 fr.; l'Enfant prodigue, du même, 18,300 fr.; Saint Jean écrivant l'Apocalypse, 9,000 fr.

La première partie de la collection de feu M. Herman de Kat, de Dordrecht, comprenant les tableaux anciens, a été vendue cette semaine et a produit en deux vacations 272,145 fr.; parmi les toiles qui ont atteint les plus hauts prix nous citerons : une Halte de voyageurs, par Berghem, 12,050 fr.; Vue de la Meuse, par Cuyp, 4,000 fr.; Intérieur, par Maes, 8,100 fr.; le Nid, par Mignon, 5,050 fr.; le Coup de vent, par Van der Neer, 9,000 fr.; Halte de voyageurs, par J. Van Ostade, 5,000 fr.; un Paysage, de Pynacker, 6,200 fr.; Vue du lac de Harlem, par Ruysdaël, 5,700 fr.; le Festin, par J. Steen, 6,800 fr.; Intérieur d'église, par E. de Witte, 4,600 fr.; le Débarcadère, par Philip Wouwermans, 20,000 fr.; Portrait d'un pasteur, par B. Van der Helts, 8,400 fr.; le Gué, par Hobbema, 16,050 fr.; Portrait de Mathys Kalkoen, par Rembrandt, 15,500 fr.; Vue du Texel, par W. Van de Velde, 10,700 fr., et Vue du Zuyderzée, par le même, 12,100 francs.

Aujourd'hui avait lieu l'exposition particulière de la deuxième partie de cette importante collection, qui sera vendue lundi, et qui comprend des œuvres importantes d'Ary Scheffer, d'Horace Vernet, de Marilhat, Decamps, Meissonnier et autres.

———

17 — Cuyp (Albert). Vue de la Meuse. — 4,000 fr.

18 — Le même. Une halte. — 3,900 fr.

26 — Everdingen (Van). Le Torrent. — 3,000 fr.

27 — Flinck (Govert). Portrait d'homme (1641). — 900 fr.

28 — Goyen (Jan Van). Le Bac (1647). — 1,100 fr.

29 — Hackaert et Lingelbach. Paysage italien. — 2,200 fr.

39 — Hugtenburg (Van). Le départ pour la chasse. — 1,200 fr.

40 — Jonson (Van Ceulen). Portrait de femme. — 310 fr.

42 — Koninck. Portrait d'homme. — 630 fr.

43 — Maes (Nicolas). Intérieur. — 8,100 fr.

50 — Mignon (Abraham). Le Nid. — 5,050 fr.

52 — Moucheron (de) et Velde (A. Van de). Paysage montagneux. — 5,500 fr.

53 — Neer (Van der). Clair de lune. — 2,500 fr.

54 — Le même. Le coup de vent. — 9,000 fr.

60 — Ostade (A. Van). Le Cabaret. — 2,850 fr.

64 — Ostade (I. Van). Une halte de voyageurs. — 5,000 fr.

66 — Pynacker. Paysage. — 6,200 fr.

69 — Ruysdael. Le Lac de Harlem. — 5,700 fr.

70 — Le même. La Cascade. — 4,000 fr.

71 — Le même. Vue d'Amsterdam. — 2,650 fr.

72 — Le même. Le vieux Marché au poisson d'Amsterdam. — 2,350 fr.

75 — Soolemaker (J.-F.). L'Abreuvoir. — 820 fr.

76 — Sorgh. Le Cabaret. — 920 fr.

78 — Steen (Jan). Le Festin. — 6,800 fr.

86 — Verkolje. Le Taquin. — 1,530 fr.

87 — Verschuur. Vue de Rotterdam. — 1,600 fr.

90 — Weenix (Jan). Gibier (1701). — 5,100 fr.

93 — Wit (de). Intérieur d'église. — 4,600 fr.

94 — Wouwerman (Philip). Le Débarcadère. — 20,000 fr.

109 — Huysum (Jan van). Fleurs diverses groupées dans un vase. — 410 fr.

120 — Victor (Jan). Prairie coupée par des canaux. — 470 fr.

haleureux de *Vive Bismark!* Le président du conseil a remercié la foule par une petite allocution où il est dit :

« Je crois que nous sommes tous prêts à mourir avec joie pour le roi et pour la patrie, que ce soit sur le pavé des rues ou sur le champ de bataille. Nos sentiments communs trouvent leur meilleure expression dans le cri de *Vive le roi!* »

L'ovation s'est terminée par le cri, six fois répété, de *Vive le roi!* et par le chant de l'hymne national.

(*Agence Havas-Bullier.*)

On lit dans l'*Invalide russe*, du 4 :

La commission d'enquête pour instruire l'affaire de l'attentat contre le czar, présidée par Mouraview, a fait opérer une foule d'arresta...

la traverse de cette grande pensée, et l'Autriche qui crut, ce jour-là, acquérir les bonnes grâces et l'alliance de l'Angleterre, doit déplorer amèrement aujourd'hui la fatale complaisance qui l'associa à un refus impolitique.

Les événements ont donné raison à la politique française, mais quelque préoccupée qu'elle soit du maintien de la paix, la France ne peut pas renouveler une proposition qui n'a pas été accueillie. Le souci de sa dignité le lui défend; la pensée d'un congrès ne peut pas devenir entre ses mains le remède universel que les empiriques opposent à tous les maux. L'initiative d'un appel à l'arbitrage des puissances incombe à ceux qui ont accumulé tant de périls sur l'Europe, et si, revenant à de meilleurs conseils, ils demandent à notre pays de les aider à éteindre l'incendie que leur imprévoyance a allumé, la France, avec plus d'autorité et d'efficacité que jamais, pourra s'employer au raffermissement de la paix.

Tableaux anciens.

(GALERIE HERMAN LE KAT.)

Vente des 2 et 3 mai 1866

Me *Charles Pillet*, commissaire-priseur;
MM. *Lamme* et *Francis Petit*, experts.

1 — Aalst (W. van). Nature morte. — 330 fr.

3 — Bakhuizen. Le Départ (1701). — 420 fr.

7 — Berchem. Halte de voyageurs. — 12,050 fr.

9 — Bergen (Van). Paysage. — 1,000 fr.

12 — Boonen (Arnold). Le Fumeur. — 370 fr.

La *Vie parisienne*, dirigée par Marcelin, publie dans son numéro de cette semaine:

Fanny Lear; — Souvenirs d'un officier de cavalerie aux arrêts; — Les *Apôtres*, par Renan; — Étude parisienne: les chapeaux, les saluts; — Le Salon de cette année; — Le Salon avant de l'avoir vu; — Les portraits au Salon de cette année; — A propos du mariage au régiment (correspondance); — Choses et autres.

Le *Directeur-Propriétaire,* ERNEST FILLONNEAU.

Typ. de G. Kugelmann, 13, r. Grange-Batelière.